MINISTÈRE

DE L'INSTRUCTION PUBLIQUE ET DES CULTES.

DÉCRETS ET RÈGLEMENT

CONCERNANT

LES SALLES D'ASILE.

PARIS.

IMPRIMERIE IMPÉRIALE.

1855.

DÉCRET

PLAÇANT LES SALLES D'ASILE

SOUS LA PROTECTION DE L'IMPÉRATRICE.

NAPOLÉON, par la grâce de Dieu et la volonté nationale, EMPEREUR DES FRANÇAIS,

A tous présents et à venir, SALUT.

Sur le rapport de notre ministre secrétaire d'État au département de l'instruction publique et des cultes;

Considérant que les salles d'asile contribuent de la manière la plus efficace au bien-être moral et physique de l'enfance, partout où les familles demandent leurs moyens d'existence à des travaux qui les éloignent nécessairement de leur domicile;

Voulant contribuer au développement d'une institution si utile à la partie la moins aisée de la population de l'Empire, et donner en même temps à l'Impératrice Eugénie, notre chère et bien aimée épouse, une preuve particulière de notre affection,

AVONS DÉCRÉTÉ et DÉCRÉTONS ce qui suit :

ARTICLE PREMIER.

Les salles d'asile de l'enfance sont placées sous la protection de l'Impératrice.

Fait au palais des Tuileries, le 16 mai 1854.

NAPOLÉON.

Par l'Empereur :

Le Ministre Secrétaire d'État
au département de l'Instruction publique et des Cultes,

H. FORTOUL.

DÉCRET

PORTANT

CRÉATION DU COMITÉ CENTRAL

DE PATRONAGE DES SALLES D'ASILE.

NAPOLÉON, par la grâce de Dieu et la volonté nationale, EMPEREUR DES FRANÇAIS,

A tous présents et à venir, SALUT.

Sur le rapport de notre ministre secrétaire d'État au département de l'instruction publique et des cultes,

AVONS DÉCRÉTÉ et DÉCRÉTONS ce qui suit :

ARTICLE PREMIER.

Un comité central de patronage, placé sous les auspices de l'Impératrice, est institué près le ministère de l'instruction publique et des cultes, pour la propagation et la surveillance des salles d'asile en France.

ART. 2.

Le comité central de patronage donnera tous ses soins à la propagation des salles d'asile ;

Il veillera au maintien des bons procédés d'éducation et de premier enseignement dans ces établissements;

Il proposera les mesures propres à en améliorer le régime;

Il donnera son avis sur les livres ou objets qui pourront y être utilement employés;

Il recueillera et distribuera les offrandes qui lui seront faites pour l'entretien des enfants pauvres admis dans les salles d'asile;

Il distribuera dans le même but la subvention qui sera mise, chaque année, à sa disposition, sur les fonds de l'État, par notre Ministre de l'instruction publique et des cultes;

Il pourra être appelé à donner son avis sur les concessions de secours demandés à l'État pour l'établissement et l'entretien des salles d'asile, et recevra communication des rapports des inspecteurs et des déléguées générales.

ART. 3.

Chaque année, notre ministre de l'instruction publique et des cultes présentera à l'Impératrice un rapport du comité central de patronage, constatant la situation et les besoins des salles d'asile en France.

ART. 4.

Le comité central de patronage des salles d'asile est composé ainsi qu'il suit :

Mgr le cardinal MORLOT, archevêque de Tours, président;

M. Amédée THAYER, sénateur, vice-président;

M. Gustave PILLET, chef de division au ministère de l'instruction publique et des cultes, secrétaire;

M. DOUBET, secrétaire-adjoint;

Mesdames la comtesse de BAR;

BAROCHE;

la duchesse de BASSANO, dame d'honneur de l'Impératrice;

BILLAULT;

la duchesse de CAMBACÉRÈS;

CAUSSIN DE PERCEVAL;

DUMAS;

la princesse d'ESSLING, grande maîtresse de la maison de l'Impératrice;

Mesdames FERAY D'ISLY;
FORTOUL;
Achille FOULD;
la marquise DE LA GRANGE;
la baronne de MACKAU;
la baronne de MALARET, dame du palais de l'Impératrice;
la comtesse de MONTEBELLO, dame du palais de l'Impératrice;
ÉDOUARD ODIER;
de PARIEU;
la marquise de PASTORET;
la comtesse de PERSIGNY;
la baronne de SERLAY, dame de S. A. I. la princesse Mathilde;
la baronne THÉNARD;
TROPLONG;
la baronne de VARAIGNE (1).

ART. 5.

Le président de la commission d'examen des asiles du département de la Seine fait partie du comité central de patronage.

ART. 6.

Les inspectrices des salles d'asile et la directrice du cours pratique peuvent être appelées au sein du comité central, pour y donner verbalement des explications et leur avis, soit sur des affaires dont l'examen leur aura été renvoyé, soit sur des questions d'intérêt général concernant les salles d'asile.

(1) Par décret, en date du 19 juillet 1854, Mesdames DUPLAY et HANRYAT ont été appelées à faire partie du Comité central de patronage.

ART. 7.

Notre ministre secrétaire d'État au département de l'instruction publique et des cultes est chargé de l'exécution du présent décret.

Fait au palais des Tuileries, le 16 mai 1854.

NAPOLÉON.

Par l'Empereur :

Le Ministre Secrétaire d'État au département de l'Instruction publique et des Cultes,

H. FORTOUL.

ORGANISATION DES SALLES D'ASILE.

RAPPORT A L'EMPEREUR.

Sire,

J'ai l'honneur de présenter à Votre Majesté un projet de décret préparé par le comité central de patronage des salles d'asile, et qui a été adopté par le Conseil impérial de l'instruction publique, en exécution de l'article 57 de la loi du 15 mars 1850. Ce projet a pour but de régler tout ce qui se rapporte à la surveillance et à l'inspection des salles d'asile, aux conditions d'âge, d'aptitude et de moralité des personnes qui y seront chargées de la direction et du service, ainsi qu'au traitement qui leur sera assuré.

En plaçant les salles d'asile de l'enfance sous un régime spécial, le législateur a parfaitement compris la différence qu'il y a entre les écoles et les salles d'asile. Ces derniers établissements ne sont, en réalité, que des maisons de première éducation. On s'y applique moins à instruire les enfants qu'à former leur cœur, à leur inspirer de bons principes, de bonnes habitudes, à leur faire contracter le goût du travail, à développer, sans la fatiguer, leur jeune intelligence, tout en leur donnant les soins physiques que réclame leur faible constitution, et que la plupart d'entre eux ne recevraient pas de familles retenues au loin pendant la journée par d'impérieuses nécessités.

De semblables établissements ne peuvent se soutenir et se propager que par les efforts réunis de la charité publique et de la charité privée. Si, d'une part, il importe qu'ils soient adoptés par les administrations municipales, sans le concours desquelles l'État serait impuissant à les fonder, il est, d'un autre côté, essentiel qu'ils ne perdent pas, en recevant un caractère public, cet autre caractère si doux et si attrayant qu'ils tiennent de l'intervention charitable des mères de famille.

C'est ce que le comité central est parvenu à établir en proposant d'organiser, partout où il y aura utilité et possibilité, des comités locaux de patronage composés de dames dévouées aux intérêts de l'enfance, comités présidés par le maire et dont le curé fait partie de droit. Nul doute que, dans des réunions où l'administration, la religion et la charité maternelle ont ainsi leurs représentants naturels, les salles d'asile ne trouvent tout à la fois des surveillants et des protecteurs. Ces comités, qui correspondront avec les dames déléguées par le Ministre dans chaque Académie, se rattacheront au comité central de patronage, de qui ils recevront une haute et salutaire impulsion. Par leurs soins, rien d'intéressant ne passera inaperçu; aucune amélioration réelle ne sera constatée dans une salle d'asile, quelque éloignée qu'elle soit de Paris, que le comité central ne puisse être en mesure d'en recommander l'introduction dans tous les autres établissements du même genre.

Les comités locaux de patronage ne sont cependant pas substitués aux autorités instituées par la loi du 15 mars 1850 : ainsi, les inspecteurs de l'instruction primaire, les délégués cantonaux, les ministres des différents cultes reconnus conserveront toujours la surveillance prescrite par l'article 44 de la loi.

La gratuité absolue a généralement prévalu dans les salles d'asile. Peut-être était-il nécessaire qu'il en fût ainsi dès le principe, pour déterminer les familles à envoyer leurs enfants dans ces établissements; mais, tout en respectant les usages reçus, il importait de n'en admettre le principe qu'à titre exceptionnel. Les salles d'asile, comme les écoles, reçoivent beaucoup d'enfants dont les familles sont en état de payer une rétribution. Quelque faible qu'elle soit, cette rétribution, versée par un grand nombre d'enfants, est une ressource trop importante pour qu'un gouvernement prévoyant n'en doive pas tenir compte. Afin d'en organiser la perception avec tous les ménagements nécessaires, il a paru utile d'exiger qu'aucun enfant ne fût définitivement reçu dans une salle d'asile sans un billet d'admission délivré par le maire; toutefois, ce billet ne ferait aucune distinction entre les enfants payants et les enfants admis gratuitement. La directrice de l'asile recevrait tous les enfants qui lui seraient présentés par les familles, sans s'informer si elles sont en état de payer une rétribution; mais elle leur ferait savoir que, dans la huitaine, elles devraient obtenir du maire un billet d'admission définitive, et celui-ci délivrerait ce billet d'admission, soit à titre gratuit, soit à titre onéreux. Ainsi la directrice, qui ne serait pas chargée de recevoir la rétribution, et qui ignorerait elle-même les conditions auxquelles les enfants sont reçus dans son asile, ne serait jamais exposée même au soupçon de partialité.

Les conditions d'ouverture des salles d'asile publiques ou libres sont à peu près celles qu'exige la loi du 15 mars 1850, modifiée par le décret du 9 mars 1852. L'autorité des préfets s'étendra sur les salles d'asile publiques, comme sur les écoles, et la liberté laissée aux fondateurs d'écoles libres sera également laissée aux fondateurs de salles d'asile; enfin, le conseil départemental aura sur les salles d'asile publiques et libres la même juridiction que sur les écoles.

Les traitements des directrices et des sous-directrices des salles d'asile devront être prélevés d'abord sur le produit de la rétribution mensuelle payée pour les enfants, laquelle sera perçue, pour le compte de la commune, par le receveur municipal. A défaut de cette rétribution, le conseil municipal devra aviser aux moyens de compléter le minimum du traitement prescrit, soit sur ses revenus ordinaires, soit sur le restant disponible des 3 centimes spéciaux affectés à l'instruction primaire, soit enfin par le vote d'une imposition spéciale. Quant aux départements, qui ne peuvent être obligés d'intervenir dans cette dépense, il leur sera loisible de secourir les communes pauvres, soit sur le restant disponible de leurs 2 centimes spéciaux, soit par des fonds qu'ils voteraient en vue de cette dépense. L'État lui-même ne pourrait, sans de grands inconvénients pour l'ordre de ses finances, parfaire le traitement des directrices des asiles, comme il complète celui des maîtres d'école. Son intervention serait ici, en quelque sorte, le signal donné partout de rendre les salles d'asiles gratuites. Elle aurait donc le double danger de lui imposer, pour le présent, une dépense considérable, et pour l'avenir un fardeau dont le poids ne pourrait être calculé avec certitude. Il ne faut pas perdre de vue, d'ailleurs, que l'État consacre déjà annuellement à la propagation des salles d'asile une somme de 400,000 francs, et il y a lieu d'espérer que cette subvention continuera de figurer chaque année à son budget.

Si Votre Majesté daigne adopter le projet de décret dont je viens de lui signaler les dispositions principales, je la prierai de vouloir bien le revêtir de son approbation.

Je suis avec le plus profond respect,

Sire,

De Votre Majesté,

Le très-humble, très-obéissant et très-fidèle serviteur,

Le Ministre secrétaire d'État
au département de l'Instruction publique et des Cultes,

H. FORTOUL.

DÉCRET.

NAPOLÉON, par la grâce de Dieu et la volonté nationale, Empereur des Français,

A tous présents et à venir, salut.

Sur le rapport de notre ministre secrétaire d'État au département de l'instruction publique et des cultes,

En exécution de l'article 57 de la loi du 15 mars 1850;
Vu l'ordonnance du 22 décembre 1837;
Vu le décret du 9 mars 1852;
Vu la loi du 14 juin 1854;
Vu l'avis du comité central de patronage des salles d'asile;
Vu l'avis du Conseil impérial de l'instruction publique,

Avons décrété et décrétons ce qui suit:

TITRE PREMIER.

Dispositions générales concernant l'établissement des salles d'asile et le programme de l'enseignement.

ARTICLE PREMIER.

Les salles d'asile, publiques ou libres, sont des établissements d'éducation où les enfants des deux sexes, de deux à sept ans, reçoivent les soins que réclame leur développement moral et physique.

ART. 2.

L'enseignement dans les salles d'asile, publiques ou libres, comprend :

1° Les premiers principes de l'instruction religieuse, de la lecture, de l'écriture, du calcul verbal et du dessin linéaire;

2° Des connaissances usuelles à la portée des enfants;

3° Des ouvrages manuels appropriés à l'âge des enfants;

4° Des chants religieux, des exercices moraux et des exercices corporels.

Les leçons et les exercices moraux ne durent jamais plus de dix à quinze minutes, et sont toujours entremêlés d'exercices corporels.

ART. 3.

L'instruction religieuse est donnée sous l'autorité de l'évêque, dans les salles d'asile catholiques.

Les ministres des cultes non catholiques reconnus président à l'instruction religieuse dans les salles d'asile de leur culte.

ART. 4.

Les salles d'asile sont situées au rez-de-chaussée; elles sont planchéiées et éclairées, autant que possible, des deux côtés, par des fenêtres fermées avec des châssis mobiles.

Les dimensions des salles d'exercice doivent être calculées de manière qu'il y ait, au moins, deux mètres cubes d'air pour chaque enfant admis.

A côté de la salle d'exercice, il y a un préau destiné aux repas et aux récréations.

ART. 5.

Nulle salle d'asile ne peut être ouverte avant que l'inspecteur d'Académie n'ait reconnu qu'elle réunit les conditions de salubrité ci-dessus prescrites.

ART. 6.

Il y a dans chaque salle d'asile publique du culte catholique :
Un crucifix,
Une image de la sainte Vierge.

ART. 7.

Il y a dans toutes les salles d'asile un portrait de l'Impératrice, protectrice de l'institution.

ART. 8.

Le titre de *salle d'asile modèle* peut être conféré par le Ministre de l'instruction publique, sur la proposition du comité central de patronage, à celles des salles d'asile qui auraient été signalées, par les déléguées spéciales, pour la bonne disposition du local, l'état satisfaisant du mobilier, les soins donnés aux enfants, ainsi que pour l'emploi judicieux et intelligent des meilleurs moyens d'éducation et de premier enseignement.

Il y a, à Paris, un cours pratique avec pensionnat, destiné 1° à former, pour Paris et les départements, des directrices ou des sous-directrices de salles d'asile; 2° à conserver les principes de la méthode établie; 3° à expérimenter les nouveaux procédés d'éducation et de premier enseignement dont l'essai serait recommandé par le comité central de patronage.

ART. 9.

Un règlement arrêté par le Ministre de l'instruction publique, sur la proposition du comité central de patronage, déterminera, sous l'approbation de l'Impératrice, tout ce qui se rapporte aux procédés d'éducation et d'enseignement employés dans les salles d'asile publiques, ainsi qu'aux soins matériels qui doivent y être observés.

TITRE II.

De l'admission des enfants dans les salles d'asile.

ART. 10.

Aucun enfant n'est reçu, même provisoirement, par la directrice dans une salle d'asile publique ou libre, s'il n'est pourvu d'un certificat de médecin, dûment légalisé, constatant qu'il n'est atteint d'aucune maladie contagieuse, et qu'il a été vacciné.

L'admission des enfants dans les salles d'asile publiques ne devient définitive qu'autant qu'elle a été ratifiée par le maire.

Dans les huit jours qui suivent l'admission provisoire d'un enfant dans une salle d'asile publique, les parents sont tenus de présenter à la directrice un billet d'admission délivré par le maire.

ART. 11.

Les salles d'asile publiques sont ouvertes gratuitement à tous les enfants dont les familles sont reconnues hors d'état de payer la rétribution mensuelle.

ART. 12.

Le maire, de concert avec les ministres des différents cultes reconnus, dresse la liste des enfants qui doivent être admis gratuitement dans les salles d'asile publiques; cette liste est définitivement arrêtée par le conseil municipal.

ART. 13.

Les billets d'admission délivrés par les maires ne font aucune distinction entre les enfants payants et les enfants admis gratuitement.

TITRE III.

De la surveillance et de l'inspection des salles d'asile.

ART. 14.

Indépendamment des autorités instituées pour la surveillance et l'inspection des écoles par les articles 18, 20, 42 et 44 de la loi du 15 mars 1850, il peut être établi dans chaque commune où il existe des salles d'asile, et, à Paris, dans chaque arrondissement, un comité local de patronage nommé par le préfet.

Ce comité local, dont le curé fait partie de droit, et qui est présidé par le maire, est composé de dames qui se partagent la protection des salles d'asile du ressort.

ART. 15.

Le comité local de patronage est chargé de recueillir les offrandes de la charité publique en faveur des salles d'asile de son ressort; de veiller au bon emploi des fonds alloués à ces établissements par la commune, le département ou l'État, et au maintien des méthodes adoptées pour les salles d'asile publiques. Il délibère sur tous les objets qu'il juge dignes de fixer l'attention du comité central.

Il se réunit au moins une fois par mois.

ART. 16.

Un ou plusieurs médecins, nommés par le maire, visitent au moins une fois par semaine les salles d'asile publiques.

Chaque médecin inscrit ses observations et ses prescriptions sur un registre particulier.

ART. 17.

Le Ministre de l'instruction publique et des cultes peut, suivant les besoins du service, déléguer pour l'inspection des salles d'asile, dans chaque Académie, une dame rétribuée sur les fonds de l'État.

Nulle ne peut être nommée déléguée spéciale si elle n'est pourvue d'un certificat d'aptitude.

Le recteur de l'Académie détermine l'ordre des tournées des dames déléguées spéciales et en règle l'itinéraire. Il transmet au Ministre, avec son avis, les rapports généraux que les dames lui adressent. Le Ministre place ces rapports sous les yeux du comité central de patronage.

Les déléguées spéciales correspondent directement avec les comités de patronage de leur circonscription, et envoient à chaque inspecteur d'Académie un rapport spécial sur les salles d'asile du département.

ART. 18.

Il y a près du comité central de patronage des salles d'asile deux déléguées générales rétribuées sur les fonds de l'État et nommées par le Ministre de l'instruction publique.

Les déléguées générales sont envoyées par le Ministre de l'instruction publique partout où leur présence est jugée nécessaire; elles s'entendent avec les déléguées spéciales et provoquent, s'il y a lieu, les réunions des comités locaux de patronage, elles rendent compte au Ministre et au comité central, et ne décident rien par elles-mêmes.

TITRE IV.

Des conditions d'âge, de moralité et d'aptitude des directrices de salles d'asile.

ART. 19.

Les salles d'asile publiques ou libres seront à l'avenir exclusivement dirigées par des femmes.

ART. 20.

Nulle ne peut diriger une salle d'asile publique ou libre avant l'âge de 24 ans accomplis, et si elle ne justifie d'un certificat d'aptitude.

Les lettres d'obédience délivrées par les supérieures des communautés religieuses régulièrement reconnues, et attestant que les postulantes ont été particulièrement exercées à la direction d'une salle d'asile, leur tiennent lieu de certificat d'aptitude.

Peuvent toutefois être admises à diriger provisoirement, dès l'âge de vingt et un ans, une salle d'asile publique ou libre qui ne reçoit pas plus de trente à quarante enfants les sous-directrices pourvues du certificat mentionné en l'article 31 du présent décret, et les membres de communautés religieuses pourvues d'une lettre d'obédience.

ART. 21.

Sont incapables de tenir une salle d'asile publique ou libre les personnes qui se trouvent dans les cas prévus par l'article 26 de la loi du 15 mars 1850.

ART. 22.

Quiconque veut diriger une salle d'asile libre doit se conformer préalablement aux dispositions prescrites par les articles 25 et 27 de la loi du 15 mars 1850, et 1, 2 et 3 du décret du 7 octobre 1850.

L'inspecteur d'Académie peut faire opposition à l'ouverture de la salle, dans les cas prévus par l'article 28 de la loi du 15 mars 1850 et par l'article 5 du présent décret. L'opposition est jugée par le conseil départemental, contradictoirement et sans recours.

A défaut d'opposition, la salle d'asile peut être ouverte à l'expiration du mois.

ART. 23.

Les directrices des salles d'asile publiques sont nommées et révoquées par les préfets, sur la proposition de l'inspecteur d'Académie; elles sont choisies, après avis du comité local de patronage, soit parmi les membres des congrégations religieuses, soit parmi les laïques, et, dans ce dernier cas, autant que possible, parmi les sous-directrices.

ART. 24.

Le conseil départemental peut, dans les formes prescrites par les articles 30 et 33 de la loi du 15 mars 1850, interdire de l'exercice de sa profession, dans la commune où elle réside, une directrice de salle d'asile libre.

Il peut frapper d'interdiction absolue une directrice de salle d'asile libre ou publique, sauf appel devant le Conseil impérial de l'instruction publique.

ART. 25.

Dans toute salle d'asile publique, qui reçoit plus de quatre-vingts enfants, la directrice est aidée par une sous-directrice.

ART. 26.

Nulle ne peut être nommée sous-directrice dans une salle d'asile publique avant l'âge de vingt ans, et si elle n'est pourvue d'un certi-

ment de stage délivré ainsi qu'il est dit à l'article 31 du présent décret.

Les sous-directrices dans les salles d'asile publiques sont nommées et révoquées par les maires, sur la proposition du comité de patronage.

ART. 27.

Il y a, dans chaque département, une commission d'examen chargée de constater l'aptitude des personnes qui aspirent à diriger les salles d'asile.

La commission tient une ou deux sessions par an.

Les membres de la commission d'examen sont nommés pour trois ans par le préfet, sur la proposition du conseil départemental de l'instruction publique.

La commission d'examen se compose :

De l'inspecteur d'Académie, président;

D'un ministre du culte professé par la postulante;

D'un membre de l'enseignement public ou libre;

De deux dames patronesses des asiles;

D'un inspecteur de l'instruction primaire faisant fonction de secrétaire.

A Paris, la commission est nommée, sur la proposition du préfet, par le Ministre de l'instruction publique, qui fixe le nombre des membres dont elle doit être composée.

ART. 28.

Les certificats d'aptitude sont délivrés au nom du Recteur par l'inspecteur d'Académie dans les départements, et, à Paris, par le vice-recteur.

ART. 29.

Nulle n'est admise devant une commission d'examen avant l'âge de vingt et un ans, et si elle n'a déposé entre les mains de l'inspecteur d'Académie, un mois avant l'ouverture de la session :

1° Son acte de naissance;

2° Des certificats attestant sa moralité et indiquant les lieux où elle a résidé et les occupations auxquelles elle s'est livrée depuis cinq ans au moins.

La veille de la session, l'inspecteur d'Académie arrête, sur la proposition de la commission d'examen, la liste des postulantes qui seront admises à subir l'examen.

ART. 30.

L'examen se compose de deux parties distinctes :

1° Un examen d'instruction;

2° Un examen pratique.

L'examen d'instruction comprend l'histoire sainte, le catéchisme, la lecture, l'écriture, l'orthographe, les notions les plus usuelles du calcul et du système métrique, le dessin au trait, les premiers éléments de géographie, le chant, le travail manuel.

L'examen pratique a lieu dans une salle d'asile. Les postulantes sont tenues de diriger les exercices de cette salle pendant une partie de la journée.

ART. 31.

Sur la déclaration de la directrice d'une salle d'asile modèle, visée par le comité de patronage, l'inspecteur d'Académie délivre aux postulantes qui ont suivi les exercices de cette salle d'asile pendant deux mois, au moins, le certificat de stage mentionné en l'article 26 du présent décret.

A Paris, le certificat de stage est délivré par le vice-recteur de l'Académie, soit sur l'attestation de la directrice d'une salle d'asile modèle, comme il est dit ci-dessus, soit sur l'attestation de la directrice du cours pratique, certifiée par la commission de surveillance de cet établissement.

TITRE V.

Du traitement des directrices et sous-directrices des salles d'asile publiques.

ART. 32.

Les directrices des salles d'asile publiques reçoivent sur les fonds communaux un traitement fixe, qui ne peut être moindre de 250 francs, et les sous-directrices un traitement dont le minimum est fixé à 150 francs.

Les unes et les autres jouissent, en outre, du logement gratuit.

Les dispositions de la loi du 9 juin 1853 sur les pensions civiles leur sont applicables.

ART. 33.

Une rétribution mensuelle peut être exigée de toutes les familles dont les enfants sont admis dans les salles d'asile publiques, et qui sont en état de payer le service qu'elles réclament.

Le taux de cette rétribution est fixé par le préfet, en conseil départemental, sur l'avis des conseils municipaux et des délégués cantonaux.

ART. 34.

La rétribution mensuelle est perçue, pour le compte de la commune, par le receveur municipal, et spécialement affectée aux dépenses de la salle d'asile.

En cas d'insuffisance du produit de la rétribution mensuelle, et à défaut de fondation, dons ou legs, il est pourvu aux dépenses des salles d'asile publiques, 1° sur les revenus ordinaires des communes;

2° sur l'excédant des trois centimes spéciaux affectés à l'instruction primaire, ou, à défaut, au moyen d'une imposition spécialement autorisée à cet effet.

Une subvention peut être accordée par les départements aux communes qui ne peuvent suffire aux dépenses ordinaires des salles d'asile qu'au moyen d'une imposition spéciale. Cette subvention est prélevée soit sur le restant disponible des deux centimes affectés à l'instruction primaire, soit sur des fonds spécialement votés à cet effet.

ART. 35.

Notre ministre secrétaire d'État au département de l'instruction publique et des cultes est chargé de l'exécution du présent décret.

Fait au palais des Tuileries, le 21 mars 1855.

NAPOLÉON.

Par l'Empereur :

Le Ministre Secrétaire d'État
au département de l'Instruction publique et des Cultes.

H. FORTOUL.

RÉGIME INTÉRIEUR

DES SALLES D'ASILE.

RAPPORT A L'IMPÉRATRICE.

MADAME,

En daignant accorder sa haute protection aux salles d'asile, Votre Majesté a prouvé d'une manière touchante l'intérêt qu'elle porte à l'une des œuvres les plus utiles que l'esprit du christianisme ait inspirées à la civilisation. Le comité central de patronage des salles d'asile, placé sous vos auspices par le décret impérial du 16 mai 1854, s'est efforcé de répondre par son zèle à la pensée de Votre Majesté. Il vient vous offrir aujourd'hui le premier hommage de sa reconnaissance et de ses travaux.

La loi du 15 mars 1850 avait laissé au Gouvernement le soin de faire, d'accord avec le Conseil impérial de l'instruction publique, un règlement sur la surveillance et l'inspection des salles d'asile, sur les conditions d'aptitude et de moralité des personnes qui y sont employées, et en même temps sur la nature de l'enseignement qui doit y être donné. Le comité central de patronage des salles d'asile, chargé de préparer ce règlement, sous la présidence de S. Ém. Mgr le cardinal Morlot, a donné à l'examen des questions qui doivent y être résolues toute l'attention qu'elles méritent. Il a pensé, tout d'abord, qu'il y avait deux parts à en faire : l'une, comprenant tout ce qui se rapporte à l'administration financière et à l'action que l'État doit exercer sur les salles d'asile; l'autre, qui deviendra en quelque sorte le code maternel des salles d'asile, et qui, à ce titre surtout, est particulièrement digne de l'attention de Votre Majesté. C'est ce projet que j'ai l'honneur de lui soumettre en ce moment.

Ce règlement, qui résume l'indulgente discipline du premier âge, donne de précieuses indications sur la distribution du local et sur le choix du mobilier; il fixe les conditions d'admission des enfants dans les asiles et décrit les soins qu'ils doivent y recevoir; il détermine les divers exercices corporels et moraux auxquels ils seront soumis, les premiers principes religieux qu'on devra leur inspirer; il pose de sages limites à l'enseignement qui devra être offert à leurs jeunes intelligences. Les dispositions de ce règlement échappent, au surplus, par leur précision même, à toute analyse : inspiré par des sentiments d'affection vraie pour l'enfance, il présente dans un ordre méthodique des prescriptions dont quelques-unes pourraient sembler minutieuses à un œil peu attentif, mais qui toutes importent essentiellement à la bonne direction des salles d'asile. Cette direction, quelque modestes qu'en paraissent le but et les résultats, rencontre de sérieuses difficultés. Les mille fantaisies que le désœuvrement inspire aux enfants ne sont-elles pas pour eux, même au sein des meilleures familles, l'occasion de chagrins qu'ils ressentent et qu'ils expriment vivement? Malgré les soins que leur prodiguent des mères tendres et vigilantes, il ne se passe presque pas d'heure où des pleurs ne viennent attester de petites douleurs morales. Eh bien! ces peines, qu'on dirait inséparables de l'enfance, ont disparu de nos asiles. Quel aspect charmant et toujours tranquille présentent ces heureux refuges! Cent, cent cinquante enfants, réunis autour d'une seule femme, vont, viennent, montent, descendent, parlent, comptent, chantent au moindre signal, et reçoivent non-seulement avec intérêt, mais avec plaisir, les premières connaissances usuelles et le germe des sentiments moraux et religieux qui promettent au pays d'honnêtes générations. Quand on voit tous ces mouvements, qui commencent et finissent avec le jour, s'accomplir joyeusement par la seule autorité de la parole et de l'exemple, sans le moindre désordre, sans le plus petit tumulte, sans qu'il en coûte une seule larme à un seul enfant, on ne peut s'empêcher de reconnaître la puissance des procédés d'éducation usités dans les salles d'asile. Ne doit-on pas s'efforcer de conserver, de perpétuer jusque dans ses moindres détails une méthode si utile?

Le comité central de patronage vous présente avec confiance le résultat de ses observations et des délibérations prises sous vos auspices. Votre Majesté y trouvera, j'en ai le ferme espoir, l'expression de ses propres sentiments. J'ai l'honneur de la prier de vouloir bien donner son approbation au projet ci-joint, où nous nous sommes tous appliqués à les reproduire fidèlement.

Je suis, avec le plus profond respect,

Madame,

De Votre Majesté,

Le très-humble et très-obéissant serviteur,

Le Ministre de l'Instruction publique et des Cultes,

H. FORTOUL.

Approuvé :

EUGÉNIE.

Paris, le 22 mars 1855.

RÈGLEMENT.

Le Ministre Secrétaire d'État au département de l'instruction publique et des cultes,

Vu l'article 57 de la loi du 15 mars 1850;

Vu l'article 14 du décret du 9 mars 1852;

Vu l'article 8 de la loi du 14 juin 1854;

Vu l'article 9 du décret en date du 21 mars 1855;

Sur la proposition du comité central de patronage des salles d'asile,

ARRÊTE :

TITRE PREMIER.

DE L'ADMISSION DES ENFANTS DANS LES SALLES D'ASILE PUBLIQUES ET DES SOINS A LEUR DONNER.

ARTICLE PREMIER.

Les salles d'asile publiques sont ouvertes, du 1er mars au 1er novembre, depuis sept heures du matin jusqu'à sept heures du soir; du 1er novembre au 1er mars, depuis huit heures du matin jusqu'à six heures du soir.

Des exceptions à cette règle peuvent être autorisées, selon les circonstances locales, par le maire, sur la proposition du comité local de patronage.

Les salles d'asile sont fermées les dimanches et les jours fériés, savoir : le jour de la Toussaint, le jour de Noël, le 1er janvier, les jours de l'Ascension et de l'Assomption.

Il est interdit aux directrices de les fermer d'autres jours sans l'autorisation du comité local de patronage.

ART. 2.

Dans des cas d'urgence, les directrices doivent garder les enfants après les heures déterminées.

La surveillance et les soins particuliers auxquels cette exception doit donner lieu sont réglés par le comité local de patronage.

Les enfants qui n'ont pas été repris par leurs parents à l'heure où la salle d'asile doit être fermée sont conservés par la directrice, ou confiés en mains sûres pour être ramenés à leur demeure.

L'enfant n'est plus admis à la salle d'asile si les parents, après avoir été dûment avertis, retombent habituellement dans la même negligence. L'exclusion ne peut, toutefois, être prononcée que par le maire, sur la proposition du comité local de patronage.

ART. 3.

Lorsqu'un enfant est présenté dans une salle d'asile, la directrice fait connaître à la famille les conditions de propreté, de soins et de nourriture auxquelles elle devra se conformer en ce qui concerne son enfant.

Indépendamment du certificat de médecin prescrit par l'article 10 du décret du 21 mars 1855, la directrice doit exiger de la famille un petit panier pour les provisions de bouche de l'enfant, une éponge et un gobelet. Le comité local de patronage supplée, s'il y a lieu, à l'impossibilité où se trouveraient des familles de fournir ces objets.

Le panier, le gobelet et les éponges de chacun des enfants admis définitivement sont immédiatement marqués d'un numéro d'ordre.

ART. 4.

A l'arrivée des enfants à la salle d'asile, la directrice doit s'assurer par elle-même de leur état de santé et de propreté, de la quantité et de la qualité des aliments qu'ils apportent dans leurs paniers.

L'enfant amené à la salle d'asile dans un état de maladie n'est pas reçu; s'il devient malade dans le courant de la journée, il est aussitôt dirigé vers la demeure de ses parents et, en cas d'urgence, vers la demeure de l'un des médecins de l'établissement.

Les enfants fatigués ou incommodés sont déposés, soit sur le lit de camp ou hamac, soit dans le logement de la directrice, jusqu'à ce qu'on puisse les rendre à leur famille.

ART. 5.

En cas d'absence réitérée d'un enfant sans motif connu d'avance, la directrice s'informe des causes de cette absence. Elle en donne, dans tous les cas, avis au comité local de patronage, qui fait visiter, s'il y a lieu, cet enfant dans sa famille.

ART. 6.

A l'entrée et à la sortie de chaque classe, les enfants sont conduits en ordre aux lieux d'aisance; ils y sont toujours surveillés par la directrice elle-même.

A deux heures, avant la rentrée en classe, les enfants sont également conduits en ordre dans le préau couvert. En passant devant sa case, chacun d'eux reçoit son éponge des mains de la directrice et se présente à son rang devant la femme de service chargée du lavage des mains et de la figure. Après ce lavage, les enfants repassent dans le même ordre devant leur case, où leur éponge est déposée de nouveau par la directrice; ils rentrent ensuite en classe.

ART. 7.

Les enfants ne doivent jamais être frappés. Ils sont toujours repris avec douceur.

Il ne peut être infligé aux enfants que les punitions suivantes :

Les faire lever et tenir debout pendant dix minutes au plus, lorsque leurs camarades sont assis;

Les faire sortir du gradin;

Leur interdire le travail en commun;

Leur faire tourner le dos à leurs camarades.

Des images et des bons points peuvent être donnés, à titre de récompense, aux enfants qui font preuve de docilité. Un certain nombre de bons points peut être échangé par le comité local de patronage contre un objet utile.

TITRE II.

DE L'ENSEIGNEMENT ET DES DIVERS EXERCICES.

ART. 8.

L'instruction religieuse, donnée conformément à l'article 3 du décret du 21 mars 1855, ne comporte point de longues leçons; elle comprend surtout les premiers chapitres du petit catéchisme; elle résulte aussi de réflexions morales appropriées aux récits de l'histoire sainte et destinées à présenter aux enfants des exemples de piété, de charité et de docilité, rendus plus clairs et plus attachants à l'aide d'images autorisées pour être mises sous leurs yeux.

Les exercices moraux comprennent des récits d'histoire qui tendent constamment à inspirer aux enfants un profond sentiment d'amour envers Dieu, de reconnaissance envers l'Empereur et leur auguste protectrice, à leur faire connaître et pratiquer leurs devoirs envers leur père et leur mère et leurs supérieurs, à les rendre doux, polis et bienveillants entre eux.

ART. 9.

L'enseignement de la lecture comprend les voyelles et les consonnes, l'alphabet majuscule et minuscule, les différentes espèces d'accents, les syllabes de deux ou de trois lettres, les mots de deux syllabes.

ART. 10.

L'enseignement de l'écriture se borne à l'imitation des lettres sur l'ardoise.

ART. 11.

L'enseignement du calcul comprend la connaissance des nombres simples, leur représentation par les chiffres arabes, l'addition, la soustraction enseignées à l'aide du boulier-compteur, la table de multiplication apprise de mémoire à l'aide des chants, l'explication des poids et mesures donnée à l'aide de solides ou de tableaux.

ART. 12.

L'enseignement du dessin linéaire comprend la formation, sur le tableau et sur les ardoises, des plus simples figures géométriques et de petits dessins au trait.

ART. 13.

Les connaissances usuelles comprennent la division du temps, les saisons, les couleurs, les sens, les formes, la matière et l'usage des objets familiers aux enfants, des notions sur les animaux, sur les plantes, sur les industries simples, sur les éléments, sur la forme de la terre, sur ses principales divisions, les noms des principaux États de l'Europe avec leurs capitales, les noms des départements de la France avec leurs chefs-lieux et toutes les notions élémentaires propres à former le jugement des enfants.

ART. 14.

Les travaux manuels consistent en travaux de couture, de tricot, de parfilage et autres appropriés aux localités.

ART. 15.

Le chant comprend les premiers principes de la musique vocale, soit d'après la méthode de M. Duchemin-Boisjousse, soit d'après les autres méthodes qui pourraient être ultérieurement autorisées.

ART. 16.

Les leçons et les exercices religieux et moraux commencent et finissent par une courte prière; ils ont lieu, dans les salles d'asile publiques, de dix heures du matin à midi et de deux heures à quatre heures.

ART. 17.

Les exercices corporels se composent de marches, d'évolutions et de mouvements hygiéniques exécutés en mesure par tous les enfants à la fois, dans la salle et dans le préau. Ils se composent aussi, pendant les récréations, de jeux variés selon l'âge des enfants, organisés autant que possible, et dans tous les cas surveillés par la directrice.

ART. 18.

Il est interdit de surcharger la mémoire des enfants de dialogues ou scènes dramatiques, destinés à figurer dans des solennités publiques.

ART. 19.

Les directrices de salles d'asile doivent veiller à tous les besoins physiques, moraux et intellectuels des enfants, à leur langage et à leurs habitudes dans toutes les circonstances de la journée; elles s'assurent que la femme de service ne leur donne, sous ce rapport, que de bons exemples.

TITRE III.

DU LOCAL ET DU MOBILIER.

ART. 20.

Il y a dans chaque salle d'asile plusieurs rangs de gradins, au nombre de cinq au moins et de dix au plus. Ces gradins doivent garnir toute l'extrémité de la salle.

Il est réservé, au milieu et de chaque côté de ces gradins, un passage destiné à faciliter le classement et les mouvements des enfants.

Des bancs fixés au plancher sont placés dans le reste de la salle avec un espace vide au milieu pour les évolutions.

Dans la salle destinée aux repas, des planches sont disposées le long des murs, et des patères ou crochets sont fixés au-dessous pour recevoir les paniers des enfants et les divers objets à leur usage. Chaque planche est divisée, par une raie, en autant de cases qu'il y a d'enfants. Des numéros, correspondants aux numéros des paniers, sont peints au-dessous de chaque case.

Des lieux d'aisance, distincts pour chaque sexe, sont placés de manière à être facilement surveillés; ils doivent être aérés et disposés de telle sorte qu'il ne résulte de leur voisinage aucune cause d'insalubrité pour l'asile. Le nombre des cabinets est proportionné à celui des enfants. Chaque cabinet doit être clos par une porte sans loquet, ayant au plus 70 centimètres de hauteur et retombant sur elle-même.

La cour doit être spacieuse. Le sol en est battu et uni.

ART. 21.

Le mobilier des salles d'asile se compose de lits de camp sans rideaux ou de hamacs; d'une pendule; d'un boulier-compteur à dix rangées de dix boules chacune; de tableaux et de porte-tableaux;

d'une planche noire sur un chevalet et de crayons blancs; d'un porte-dessin; de plusieurs cahiers d'images renfermés dans un portefeuille; d'une table à écrire garnie d'un casier pour les registres; d'une grande armoire; de petites ardoises en nombre égal à celui des enfants, et de leurs crayons; d'un poêle; d'une grande fontaine ou d'un robinet alimenté par une concession d'eau, se déversant sur un grand lavabo à double fond; d'autant d'éponges qu'il y a d'enfants dans la salle d'asile; enfin, de tous les ustensiles nécessaires aux soins des enfants et à la propreté du service, d'un claquoir et d'un sifflet.

ART. 22.

Les salles et préaux sont nettoyés et balayés tous les matins, au moins une demi-heure avant l'arrivée des enfants.

Le balayage est renouvelé après le repas et après la sortie des enfants. Le feu est allumé dans les poêles du préau et de la classe une heure avant l'entrée des enfants.

Le préau est éclairé dès la chute du jour et aussi longtemps qu'il y reste des enfants.

TITRE IV.

DISPOSITIONS GÉNÉRALES.

ART. 23.

Les directrices de salles d'asile publiques tiennent :

1° Un registre sur lequel sont inscrits les noms et la demeure des enfants admis provisoirement, le nom du médecin qui a délivré le certificat prescrit par l'article 10 du décret du 21 mars 1855, la date du jour où il a été provisoirement admis;

2° Un registre sur lequel sont inscrits, jour par jour, sous une même série de numéros, les noms et prénoms des enfants admis définitivement, les noms, demeure et profession des parents ou tuteurs, et les conventions relatives aux moyens d'amener ou de reconduire les enfants;

3° Un registre sur lequel le médecin inscrit ses observations;

4° Un registre sur lequel les dames patronesses chargées de la surveillance de la salle d'asile inscrivent leurs remarques sur la tenue de l'établissement au moment de leur visite;

5° Un registre de présence des enfants.

ART. 24.

Il est interdit aux directrices, sous-directrices, ainsi qu'aux femmes de service, d'accepter des parents aucune espèce de cadeaux.

ART. 25.

La femme de service est choisie, dans chaque salle d'asile, par la directrice, avec l'approbation du comité local de patronage; elle est révoquée dans la même forme.

ART. 26.

Les salles d'asile publiques sont ouvertes aux personnes qui désirent les visiter.

ART. 27.

Il y a, dans chaque salle d'asile, un tronc destiné à recevoir les dons de la bienfaisance publique.

La clef du tronc est déposée entre les mains de l'une des dames patronesses chargées de la surveillance de la salle d'asile.

L'emploi des deniers déposés dans ce tronc est réglé par le comité local de patronage.

ART. 28.

Un règlement, fixant l'emploi du temps pour chaque jour de la semaine dans les salles d'asile, est arrêté par le comité local de patronage.

Un exemplaire de ce règlement est toujours affiché dans la salle d'exercice.

Fait à Paris, le 22 mars 1855.

H. FORTOUL.

www.ingramcontent.com/pod-product-compliance
Lightning Source LLC
LaVergne TN
LVHW021636170726
843501LV00007B/2255

* 9 7 8 2 3 2 9 6 6 0 6 8 4 *